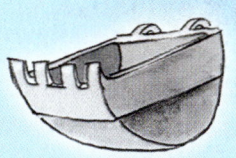

Katharina Wieker

Geschichten vom kleinen Bagger Basti

Illustriert von der Autorin

www.leseloewen.de

ISBN 978-3-7855-8184-1
1. Auflage 2016
© Loewe Verlag GmbH, Bindlach 2016
Umschlagillustration: Katharina Wieker
Reihenlogo: nach einem Entwurf
von Angelika Stubner
Printed in Italy

www.loewe-verlag.de

Inhalt

Der wilde Micro

Der kleine Basti freut sich:

Seine ist fast fertig. Nur

der fehlt noch. Doch da ruft

Mama ihn ins . „Papa und ich

fahren in den ", sagt sie.

„Pass so lange auf Micro auf."

Basti zieht ein langes  .

Sein kleiner Bruder Micro ist erst

drei und furchtbar wild. „Ich fahre

mit ihm zum 🛝 ", sagt Basti.

„Gut", sagt Mama. „Aber in den 🌲

dürft ihr nicht! Dort ist es zu

gefährlich für kleine 🚜 ."

„Komm!", sagt Basti zu Micro. Auf

dem 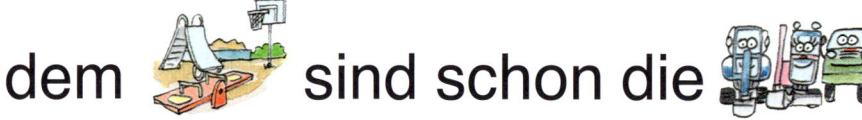 sind schon die

Ketti, Boggo und Grabine. Sie

spielen ⚽. „Dürfen wir mitspielen?",

fragt Basti.

Aber Micro schnappt sich einfach

den   und schießt ihn in die  .

Kurz darauf fährt er Grabine

zwischen die 🛞🛞 , sodass sie

fast stürzt.

„So geht das nicht", sagt Ketti

streng. „Micro, spiel im , bis

wir fertig sind." Mit hängender

zieht Micro ab. „Ich komme gleich

zu dir!", ruft Basti.

Aber erst als die anderen

heim müssen, denkt er wieder an

Micro. Doch der ist verschwunden.

Und seine 🛤 führt in den 🌲🌲 !

Die ☀ geht schon unter. Basti

schaltet seine 🔆 an.

Vorsichtig folgt er Micros  .

„Micro!", ruft Basti. „Wir müssen

heim!" – „Fang mich doch!",

antwortet sein kleiner Bruder und

fährt noch tiefer in den  hinein.

„Komm sofort zurück!", schreit

Basti und rast hinterher. Doch

plötzlich steckt er zwischen

zwei  fest! Basti lässt den

aufheulen, aber seine  drehen

im weichen  durch.

„Micro!", ruft Basti atemlos. „Hol

Mama und Papa!" Micro taucht vor

Bastis  auf. „Nein, ich will

lieber bei dir bleiben", sagt er und

macht ein ängstliches .

Basti sieht, dass Micros

zittert, und da ist er nicht mehr böse

auf ihn. „Komm her, kleiner  !",

sagt er. „Mama und Papa

werden uns schon finden."

Und wirklich! Es dauert gar nicht

lange, bis Papa vor ihnen steht.

Mit seinem starken  biegt er

die  auseinander. Basti ist frei.

Aber Mama schimpft: „Ab jetzt dürft

ihr nicht mehr auf den , ihr spielt

nur noch im ." Basti seufzt.

„Dann macht Micro meine

kaputt", denkt er. Aber Micro ist ab

jetzt ganz lieb zu Basti.

Der Baggersee

Basti, Ketti, Boggo und Grabine

spielen heute auf der großen

hinter dem . „Wer von uns das

tiefste gräbt, hat gewonnen!",

meint Basti lachend. „Und Boggo

ist der !" – „An die ,

fertig, los!", brüllt Boggo.

Die drei kleinen  graben

ihre 🪣 in den 🟫 und werfen

die 🔨 hinter sich. „Meins wird

das tiefste 🕳 der 🌍 !", ruft Basti.

Kurz darauf ragt nur noch sein

aus der und auch von Grabine

und Ketti ist nicht mehr viel zu

sehen. Nur Boggo steht oben auf

der und feuert sie an.

Bis ihm langweilig wird. Er schaut

in jedes  . „Basti hat gewonnen!",

verkündet er. „Und jetzt kommt

wieder raus." Aber die sind

viel zu steil!

Die kleinen  rutschen

immer wieder ab. „Ihr müsst euch

eine  bauen", rät Boggo.

„Grabt euch zu mir durch!", ruft

Basti. „Die  baue ich."

Schnell wird aus drei tiefen

ein tiefer und Basti schiebt

etwas zusammen, sodass

eine entsteht. Doch er gräbt

gefährlich nah am  .

Plötzlich bilden sich und

sprudelt durch die . Die drei

kleinen schaffen es

noch auf die , dann ist die

randvoll. „Jetzt haben wir einen

eigenen !", jubelt Basti.

„Und ich eine eigene  ", sagt

Boggo. Basti, Ketti und Grabine

machen erst dumme , aber

dann lachen sie los. „Dann bauen

wir dir am besten auch noch eine

eigene  ", sagt Ketti.

Rettung für die Baustelle

Bastis Papa ist der auf

der vor der . Heute darf

Basti ihn mit Boggo besuchen.

Papa zeigt ihnen alles. Hinter

einem lagern ,

außerdem und . Nur eine

ist noch ganz leer.

„Wenn Brummi nicht bald mit

den  kommt, muss ich die

schließen", murmelt Papa. „Wir

können ihn suchen!", ruft Basti.

„Das mache ich selbst", sagt Papa.

Aber da ruft ein nach ihm.

„Los!", sagt Basti zu Boggo. Die

führt zu den  und windet sich

dann in engen  immer höher

hinauf. Basti und Boggos

schnaufen und pusten.

Endlich kommen sie oben an. Es

ist wunderschön hier! Der   ist

viel blauer als unten in der .

„Ich möchte für immer hier

bleiben", meint Basti. „Ich nicht",

sagt jemand.

Basti und Boggo fahren um die

nächste . Da steht Brummi!

„Ihr habt nicht zufällig einen

mit für einen durstigen ?",

fragt er. „Nein", sagt Basti. „Aber

mein ist noch fast voll."

Boggo hat einen  dabei und

so bekommt Brummi genug  ,

damit er bis in die  fahren kann.

„Das sind zwei kluge  !", sagt

Brummi später zu Bastis Papa. „Ich

weiß", antwortet Bastis Papa stolz.

Tyrannosaugus Rex

Bevor er schlafen geht, liest Basti

immer in seinem liebsten . Es

ist alt und manche sitzen

ganz locker. Aber die leuchten

noch wie früher. „Ein mächtiger

namens Giganto. Ausgestorben",

murmelt Basti und blättert um.

„Ein  mit drei  namens

Trizeraklops. Ausgestorben." Er

blättert weiter. Und da ist er, der

größte und gefährlichste , der

je gelebt hat: „Ein  namens

Tyrannosaugus Rex", flüstert Basti.

„Leider ausgestorben." Basti klappt

das  zu und schaltet seine

aus. Er ist fast eingeschlafen, als

er spürt, wie die  seiner

wackeln. Vorsichtig öffnet Basti

das . Auf der  fließt !

Und schon wird Basti mitgerissen.

„Hilfe!", ruft er. Er wirbelt die

entlang, vorbei an den , in

denen Boggo, Ketti und Grabine

wohnen. Vorbei am , bis

hinunter zum .

Dort steht ein riesiges  . Der

Tyrannosaugus Rex! Sein

schreckliches  ist weit geöffnet.

Basti schreit: „Nein! Bitte friss mich

nicht!" Das  schaut empört.

„Natürlich nicht", piepst es. „Mach

mal die  auf!" Da ist Basti

wieder in seiner . Vor ihm

steht Micro. Und Basti hat alles nur

geträumt!

Die Wörter zu den Bildern:

 Bagger

 Ball

 Burg

 Büsche

 Graben

 Gummiketten

 Haus

 Sandkasten

 Baumarkt

 Schaufel

 Gesicht

 Spur

 Spielplatz

 Sonne

 Wald

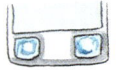 Scheinwerfer

 Bäume

 Schiedsrichter

 Motor

 Erde

 Räder

 Welt

 Boden

 Dach

 Greifarm

 Grube

 Garten

 Wände

 Wiese

 Rampe

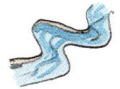 Fluss

 Risse

 Loch

 Wasser

 Baggersee

 Stangen

 Insel

 Ecke

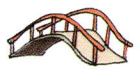 Brücke

 Bretter

 Chef

 Kran

 Baustelle

 Straße

 Stadt

 Berge

 Zaun

 Kurven

 Zementsäcke

 Himmel

 Rohre

 Kanister

 Benzin

 Saugbagger

 Lkw

 Garage

 Tank

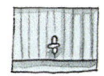 Tor

 Schlauch

 Monster

 Jungs

 Maul

 Buch

 Augen

 Seiten

 Bilder

 Traktor

Katharina Wieker illustriert und schreibt seit vielen Jahren Kinderbücher. Sie lebt mit ihrer Familie und einem frechen Kater in Berlin.

BilderMaus

ISBN 978-3-7855-8116-2

ISBN 978-3-7855-7981-7

ISBN 978-3-7855-7621-2

ISBN 978-3-7855-7094-6

ISBN 978-3-7855-7433-1

ISBN 978-3-7855-8082-0

In der Reihe *Bildermaus* erzählen spannende Geschichten von den Abenteuern einer liebenswerten Figur, von einem tollen Schauplatz oder von den schönsten Festen des Jahres. Im Text werden alle Hauptwörter durch kleine Bilder ersetzt, die schon Kinder ab 5 Jahren beim gemeinsamen (Vor-)Lesen erkennen und benennen können. Mit der *Bildermaus* wird das Lesenlernen zu einem echten Vergnügen!